Le rêve de surmonter les limites de l'existence charnelle, de s'évader de son corps ou d'en acquérir un autre, est peut-être aussi vieux que l'homme lui-même. Bien des fables et des mythes antiques en témoignent. « L'homme doit faire acte de s'incarner, écrivait Simone Weil, car il est désincarné par l'imagination. »

La question du rapport de l'homme à son corps est plus que jamais la nôtre. C'est une question politique dont nos lois se saisissent périodiquement. Car l'homme des Temps modernes s'est convaincu qu'il n'était rien d'autre qu'un *produit* de sa culture et de ses techniques. Il se veut le fabricant de lui-même et de ses descendants, grâce aux biotechnologies — et grâce à l'usage de ressources biologiques d'origine humaine. Aux dépens de qui ? À la veille d'un débat au Parlement, et alors que la « bioéthique » semble perdre tout repère, il me semble important de considérer la dimension morale et sociale d'un productivisme inquiétant, étendu à la vie elle-même.

1.

Platon se représentait l'homme comme une « plante céleste », un être immortel par son âme, mais mortel par le corps pesant auquel son âme est *clouée*, *collée*, et comme *agrafée* pendant son passage sur cette terre, avant d'en être délivrée par la mort.

D'autres mythes fondateurs nous viennent d'un imaginaire religieux. Victor Hugo écrivait dans son *Cromwell* : « Du jour où le christianisme a dit à l'homme : Tu es double, tu es composé de deux êtres [...] l'un charnel, l'autre éthéré, [...] le drame a été créé. »

Le premier acte de ce drame, c'est la création de l'homme, être spirituel « à l'image et à la ressemblance de Dieu ». Son dénouement, c'est l'espérance chrétienne en une vie éternelle, détachée de ces « tuniques de peau » dans lesquelles Adam et Ève avaient été condamnés à vivre, après avoir été chassés du Jardin d'Éden. Croyance inouïe, croyance folle pour la pensée grecque : les élus ressusciteront avec un corps transfiguré, glorieux, purifié de toute parenté avec la vie animale.

Nous n'en sommes plus là, me direz-vous. Qui croit encore aux anciens mythes ? Même les Chrétiens sont devenus dubitatifs quant à la résurrection des corps.

L'espoir de se délivrer de la chair n'a pourtant pas disparu. Il s'est déplacé et s'est tourné vers la seule puissance à laquelle nous croyons, nous les Modernes : la puissance technoscientifique.

À la Renaissance et aux débuts de l'âge classique, le mythe de Prométhée, dans lequel les Grecs voyaient l'expression d'une dangereuse démesure, est devenu un symbole de la dignité humaine. L'ambition véritable du genre humain, affirme Francis Bacon en 1620, est d'acquérir le pouvoir des arts mécaniques afin d'exercer son *empire* sur l'univers – avec la caution de la Bible, puisque l'homme a reçu de Dieu le *droit de dominer la nature.*

La puissance technoscientifique règne aujourd'hui sur l'ensemble de la nature, y compris celle de l'homme lui-même. Un homme nouveau se profile, non plus en rêve ou dans l'au-delà, mais ici-bas. Les nouveaux croyants entendent échanger leurs vieilles « tuniques de peau » contre un corps dont ils seront les « fabricateurs souverains » : corps restauré et augmenté, corps fabriqué sans père ni mère, et non plus engendré ; corps *reconstruit* et neutre, par-delà l'homme et la femme ; corps de moins en moins vulnérable mais de moins en moins *vivant.*

Mais à quel prix ?

2.

On dit chaque jour que la médecine « fait des miracles ». Elle en fait, sans aucun doute, et ni vous ni moi ne voudrions vivre dans un monde sans antibiotiques, sans anesthésiques et sans chirurgie réparatrice.

Mais on attend désormais du médecin qu'il dépasse de beaucoup sa mission thérapeutique pour assumer une fonction *anthropotechnique*, autrement dit qu'il nous permette non seulement de réparer, mais de refaire, de façonner, de corriger, de rectifier le corps humain, et même de le produire de toutes pièces.

Dans le roman de D.H. Lawrence, *L'Amant de Lady Chatterley* (version de 1927), Clifford, blessé pendant la Grande Guerre, impotent et impuissant, met toute son espérance dans les machines. Il expérimente un prototype de fauteuil roulant prometteur, quoiqu'encore rudimentaire, et organise sa propre existence mécanisée avec la même rationalité qu'il gère la mine dont il est propriétaire. Personnification de l'homme moderne, il déclare de façon prophétique : « Il me semble qu'une civilisation digne de ce nom devrait éliminer beaucoup de faiblesses physiques. Toute la question de l'amour, par exemple, pourrait bien disparaître ! Je pense qu'elle disparaîtrait si nous cultivions les enfants dans des bouteilles. » En attendant l'heureux temps de l'élimination de l'amour charnel, Clifford souffle à sa femme de lui donner un héritier en se choisissant un amant. C'était avant le recours au don de sperme anonyme.

Dans *The Human Condition* (1958), Hannah Arendt évoque l'effort des chercheurs de son temps pour « fabriquer des êtres humains en éprouvette », comme si, révolté contre sa condition naturelle, l'homme cherchait à « *échanger* sa vie, reçue de nulle part », contre « un ouvrage de ses propres mains ».

Nous y sommes.

L'homme est entré dans *l'époque de sa reproductibilité technique*, pour reprendre une formule de Walter Benjamin à propos de l'œuvre d'art.

Dans le présent *Tract*, modèle réduit d'un modeste *traité*, mon propos sera consacré surtout aux biotechnologies de la reproduction et aux questions morales et politiques qu'elles posent.

3.

En 1972, la première banque de sperme était ouverte à l'Hôpital Bicêtre pour pallier certaines formes de stérilité masculine en remplaçant les gamètes du père par ceux d'un donneur. Les CECOS (Centres de conservation des œufs et du sperme) lui ont succédé. La fécondation *in vitro* a plus tard ouvert la voie à l'*externalisation* d'une partie des fonctions reproductives. Un tout autre pas serait franchi si l'on pouvait remplacer le corps maternel pour « faire » des enfants.

C'est déjà plus qu'un fantasme. Depuis plus de vingt ans, on cherche le moyen d'externaliser la gestation de l'embryon dans une sorte de machine nommée *Utérus artificiel* (UA), autrement dit de *désincarner* les processus de l'embryogenèse et le développement du fœtus jusqu'à son terme. L'Américaine Gena Corea avait judicieusement nommé cet appareil *Mother Machine*. Bien qu'elle présente un très faible intérêt médical, cette machine, récemment expérimentée sur des fœtus d'agneaux, permettrait dans un premier temps de « sauver » certains grands prématurés, avant de remplacer le corps féminin.

Personne ne sait si cette « gestatrice artificielle » pourra être réalisée, ni si des bébés nés d'une boîte sans vie et sans âme ressembleraient encore à ceux portés par un être humain qui parle, qui rêve, qui marche, qui chante, qui rit et qui pleure. On peut en douter. Certains n'en voient pas moins dans l'exogenèse un *progrès* vers la production d'une post-humanité débarrassée de son statut humiliant de « mammifère sous-développé » (Marcela Iacub). Cette vision agit en retour sur la représentation du corps des femmes : si l'enfantement peut être confié à des machines, alors le ventre féminin n'est au fond qu'un *incubateur*. Il peut même, provisoirement, devenir un « instrument de production ».

4.

On aurait tort cependant d'imputer à la technique seule la fièvre *productiviste* qui dévore nos sociétés. Car un produit, en même temps qu'il semble combler nos désirs, peut aussi s'échanger et alimenter de nouveaux marchés.

Différentes techniques biomédicales nécessitent encore des *ressources* biologiques – cellules-souches, cellules germinales (ou gamètes), tissus et organes – ressources qui doivent être prélevées sur des corps humains, que j'ai appelés ailleurs des *tiers-corps*.

Dans une société civilisée, le corps d'une personne humaine, en principe, n'est pas une chose dont on peut faire commerce et l'accès aux *ressources* biologiques humaines n'est possible que grâce au don bénévole et gratuit. C'est le cas en France.

Le don humanitaire peut néanmoins s'avérer insuffisant pour satisfaire la demande, ou même rester introuvable.

Aucun individu vivant, par exemple, n'accepte de donner un rein à un inconnu. Mais la « pénurie » de rein devient insupportable, au point qu'on ne dit plus d'un homme qu'il est mort d'une maladie grave, mais qu'il est mort « à cause *d'un manque de greffon* ». Il faut donc « produire » des greffons par tous les moyens, quitte à les acheter aux populations déshéritées.

De même, aucune femme n'accepte de porter gratuitement un enfant à la place d'une autre (sauf cas rarissime d'une sœur ou d'une parente proche). Mais la stérilité ou l'infertilité ne sont plus acceptées, quelles qu'en soient les causes. Pour répondre à la demande, il faut donc disposer des fournitures biologiques, gamètes ou ventres féminins, dont les biotechnologies ont besoin.

C'est ainsi que, dans de nombreuses régions du monde, des marchés du corps humains, licites ou illicites, se développent pour satisfaire une demande que, en retour, ils font flamber. Une économie extrêmement rentable s'installe, *alimentée par la chair et le sang*, selon l'expression de Donna Dickenson dans *Body Shopping*. Le *Baby Business* y occupe une place considérable, aux dépens des femmes incitées à se vendre, avec la complicité du corps médical et la complaisance plus ou moins avouée des États.

5.

On les appelle parfois marchés *voyous*, marchés du *désespoir*, et même marchés *cannibales*, pour en dénoncer l'injustice et la cruauté : ce sont les marchés de la chair. Le plus ancien est celui du sexe. En tant que *système organisé*, la prostitution a ses recruteurs, ses proxénètes, ses clients et ses *ressources humaines*, le plus souvent des femmes originaires des pays pauvres.

Le Syndicat des travailleurs du sexe (Strass) et les avocats qui, si j'ose dire, les soutiennent, réclament inlassablement dans notre pays la légalisation de ce commerce de la chair et la dépénalisation du proxénétisme, au nom de la liberté. La liberté de qui ? Celle des consommateurs, on veut bien le croire. Mais celle des femmes ?

Dans sa thèse de doctorat en médecine, Judith Trinquart étudie ce que les prostituées qu'elle a rencontrées appellent leur *décorporalisation*. Avec ce terme, elles désignent une stratégie de survie qui consiste à s'abstraire mentalement de leur corps et à se mettre à distance de leur sensibilité, de façon à surmonter leur répugnance. Il n'est pas si facile de mettre son propre corps, ses propres organes (bouche, sexe, anus) à la disposition du désir du client, y compris de ses fantasmes les plus glauques.

Abolitionniste depuis longtemps, la France a décidé de « pénaliser le client » en 2013, avec l'aval du Conseil constitutionnel en 2019. Elle est beaucoup plus frileuse à l'égard du marché de la maternité.

Plus récent, ce marché présente certains points communs avec celui du sexe. En effet, la fonction de « mère porteuse » (ou mère de substitution, *surrogate mother*), consiste, pour une femme, à mettre ses organes reproductifs à la disposition d'un autre genre de clients, pudiquement appelés

« parents d'intention » (*intended parents*) par les tribunaux californiens. On s'est empressé d'adopter ici cette appellation moins rude, porteuse d'une révolution redoutable dans les fondements de la parenté.

Qu'il s'agisse d'une industrie et d'un marché organisé est facilement vérifiable en quelques clics. Les nombreux sites proposant sur le Net les services d'une « mère porteuse » affichent leurs tarifs de façon précise et détaillée. Les contrats prévoient un contrôle drastique de la vie de la mère (son régime, sa sexualité, son mode de vie, etc.), contrôle impossible à imaginer pour tout contrat de « travail ». Moyennant un supplément, on propose parfois au couple commanditaire une « assurance annulation », pour le cas où il renoncerait au « processus » en cours de route, par exemple en raison d'une séparation. Un avortement serait-il alors imposé à la mère porteuse ? Ou bien l'enfant serait-il remis en d'autres mains ? On ne sait pas.

Sur ce marché mondialisé, la concurrence entre les entreprises est âpre : certains, comme l'Institut Feskov, en Ukraine, affichent « le meilleur rapport qualité/prix », incluant l'assurance-vie de la mère porteuse, un *diagnostic préimplantatoire légal* (permettant le choix du sexe et assurant un enfant « en bonne santé »), le choix d'un donneur ou d'une donneuse de gamètes du *phénotype souhaité* (européen, asiatique ou africain), un nombre de FIV illimité – c'est-à-dire des prélèvements d'ovocytes répétés et dangereux pour la donneuse. Un tarif *low cost* est proposé à condition de s'inscrire dans de brefs délais : 28700 euros pour un « pack »

FIV+ Surrogacy. Ce n'est pas tout : les commanditaires de l'enfant peuvent choisir de faire accoucher la mère de substitution en Tchécoslovaquie, pour que l'enfant ait un passeport européen, ou en Belgique, auquel cas la mère devra se rendre dans ce pays au bout de quatre mois de grossesse. Ce n'est qu'un exemple. Il y en a de pires.

Nombre de documentaires montrent que les « mères porteuses » ont aussi leur stratégie de survie.

On les convainc, et elles se convainquent, qu'elles ne sont pas vraiment enceintes. « Ce n'est pas ma grossesse », dit l'une d'elles, « c'est celle des futurs parents ». Une Ukrainienne dit d'elle-même : « je suis un simple incubateur ».

Une autre, qui vient d'accoucher et de remettre l'enfant à ses commanditaires, éclate brusquement en sanglots et explique : « Moi, je sais pourquoi j'ai fait ce choix, mais mon corps, lui, n'a pas compris. »

L'émotion de cette femme confirme qu'il n'est pas facile de se détacher mentalement de son corps charnel pour s'en servir en quelque sorte comme d'un instrument de production. Pas facile non plus, moralement, de *disposer* de l'enfant qu'on a porté, pour le donner à d'autres.

Ce commerce, qui est aussi celui d'un enfant, illustre la corruption, par l'argent, de l'intégrité personnelle physique et morale : corruption active, pour les entreprises et leurs clients, corruption passive pour les femmes instrumentalisées.

Parlant d'un temps où tout peut s'échanger, Marx écrivait : « C'est le temps de la corruption générale, de la vénalité universelle, ou, pour parler en termes d'économie politique, le temps où toute chose, morale ou physique, étant devenue valeur vénale, est portée au marché pour être appréciée à sa plus juste valeur.» Porter le corps humain au marché, c'est y porter la personne elle-même.

6.

Le logicien et philosophe Alfred N. Whitehead notait avec humour: «Personne ne dit: J'arrive! et j'apporte mon corps avec moi.» Maurice Merleau-Ponty ajoutait: «Je n'ai pas un corps, *je suis mon corps.*» Dans l'ouvrage de 1970, *Our Bodies, Ourselves*, des féministes bostoniennes revendiquaient la liberté de leur vie sexuelle, de leur intimité et de leur fécondité. Elles disaient, elles aussi: «Nos corps, nous-mêmes.» Cette formule a été malheureusement transposée dans un slogan ambigu: «Mon corps m'appartient.» Ce n'est pas la même chose.

Notre corps charnel nous est *propre*, mais il ne nous appartient pas comme un *bien*, autrement dit une *propriété* aliénable, que l'on peut donner ou vendre, comme un vélo ou une maison. La confusion fatale entre les deux est délibérément entretenue par l'idéologie ultralibérale qui veut nous persuader que, puisque notre corps «*nous appartient*», nous sommes *libres* de l'aliéner. Admirons le paradoxe.

Cela dit, c'est le droit qui définit les biens et pose que le corps humain n'en est pas un, et non la psychologie, ni aucune science, et encore moins l'opinion individuelle.

7.

Il serait fastidieux de rappeler ici les lois et les principes qui soustraient le corps humain au régime de la propriété. Citons au moins la différence, capitale en droit depuis le Droit romain, entre les biens et les personnes, et, dans l'esprit de la Déclaration des droits de l'homme de 1789, la Constitution de 1793 qui abolit la domesticité, dans sa forme Ancien Régime. Elle déclare qu'un homme « ne peut se vendre ni être vendu » et que « sa personne n'est pas une propriété aliénable » (Article 18). Selon le même principe, l'esclavage fut aboli une première fois en 1794, au nom de la liberté humaine, puis, après son rétablissement par Bonaparte, Premier Consul, définitivement aboli en 1848, au nom de la dignité humaine, en dépit des « intérêts » des planteurs de canne à sucre.

Après la Société des Nations, en 1926, notre Code pénal a défini la « réduction en esclavage » par « le fait d'exercer à l'encontre d'une personne l'un des attributs du droit de propriété, ou certains d'entre eux ». L'exercice de ce droit permet de disposer de quelque chose, d'en user et d'en récolter éventuellement les fruits.

Or, en s'appropriant l'usage des organes d'une femme et le fruit de cet usage (l'enfant), on s'approprie la vie de la personne elle-même pendant tout le temps de la grossesse. Ceci s'apparente à une forme inédite de servitude et de « réduction en esclavage ». Dans ces conditions, la promotion d'une Gestation pour autrui (GPA) « éthique » est une plaisanterie de mauvais goût. Autant parler d'un « esclavage éthique » au motif qu'il serait « bien encadré ».

Dans son Arrêt de 1991, la Cour de cassation formulait clairement les choses en disant que le corps humain est *indisponible* : « la convention par laquelle une femme s'engage, *fût-ce à titre gratuit*, à concevoir et à porter un enfant pour l'abandonner à sa naissance contrevient tant au principe d'ordre public de *l'indisponibilité du corps humain* qu'à celui de l'indisponibilité de l'état des personnes. » Cela veut dire qu'une personne ne saurait, en droit, disposer de son propre corps pour le donner ou le vendre, ni disposer de son enfant pour le céder à d'autres, même à *titre gratuit*, ce qui reviendrait à leur céder aussi la filiation maternelle de l'enfant.

En 2003, la même Cour jugeait que la « maternité substituée » constituait un détournement de l'institution de l'adoption. Le but de l'adoption est de donner des parents à un orphelin ou un enfant abandonné, et non pas de programmer l'abandon d'un enfant par sa mère de naissance – qui plus est contre un paiement. Nous verrons tout à l'heure que cette Cour a par la suite renié ces principes fondamentaux.

Au moment où, dans notre pays, on prétend s'attaquer sérieusement à toutes les « violences faites aux femmes », comment expliquer qu'on se montre si souvent complaisant à l'égard de la pratique des « ventres à louer », comme disent crûment certaines petites annonces (*Wombs for rent*) ? La réponse à cette question réside dans l'intense propagande qui, depuis plus de trente ans, réclame la légalisation de cette pratique en la faisant passer pour une simple « technique de procréation assistée », voire comme un *don* accordé généreusement par des femmes qui « aiment être enceintes ». Grâce à une astuce rhétorique, on a d'abord remplacé la notion de « mère porteuse » par la formule moins incommodante de « gestation pour autrui » (GPA). Par la magie des mots, l'épreuve de l'accouchement, toujours dangereuse, a été occultée et la grossesse transformée en une *fonction* organique partielle, exercée par *altruisme*.

8.

L'autre facteur qui explique la relative passivité de l'opinion à l'égard de l'exploitation des femmes, c'est le fait que la GPA a été revendiquée comme *un droit* par une partie militante de la communauté gay. Du coup, montrer que cette pratique est une forme de servitude, c'est encourir l'accusation d'homophobie – accusation particulièrement pénible et injuste pour tous ceux (et celles) qui se sentent étrangers à un sentiment aussi bas et méprisable.

Une sorte d'intimidation, pour ne pas dire de terreur intellectuelle, fait taire beaucoup de ceux qui se posent des questions, notamment dans les sphères médiatique, universitaire ou politique. Quiconque ose contester qu'il existe un droit à user d'une mère de substitution s'expose à être ostracisé.

La plupart des chaînes de télévision et de radio déploient un zèle infatigable à légitimer la GPA et exalter le bonheur des couples désireux de « devenir parents » à n'importe quel prix. Dans une émission intitulée *Regards croisés sur la GPA*, diffusée sur France Inter le 8 janvier 2017, la *totalité* des témoignages faisaient l'éloge de cette pratique, sans dire un seul mot de sa violence sociale, ni des raisons éthiques et juridiques pour lesquelles elle est interdite en France. Le mot de la fin était laissé à Daniel Borrillo, qui déclarait : « la maternité est un travail reproductif qui mérite d'être rémunéré » [*sic*].

Le respect des droits de la personne est devenu de plus en plus fragile. L'effondrement de l'éthique et l'extension de l'idéologie ultralibérale y sont pour quelque chose.

9.

En 1983, le Comité consultatif national d'éthique (CCNE) était créé en France pour donner des avis sur les « problèmes moraux » soulevés par la recherche dans les domaines de la biologie, de la médecine et de la santé. L'idée qu'il pouvait exister des objections *morales* à certaines pratiques scientifiques ou médicales n'était pas encore remplacée, comme elle l'est aujourd'hui, par un relativisme sans complexes.

L'actuel président du CCNE déclarait dans *Les Échos*, en mars 2018 : « La notion de valeur est relative. […] Je ne sais pas ce que sont le bien et le mal » ; ou encore : « Le CCNE n'est pas là pour indiquer où se trouvent le bien et le mal. » Ah bon ! Mais pourquoi est-il là ? Pour « écouter le milieu associatif » et « savoir ce que la science pense et ce qu'elle a *envie de faire bouger* » [*sic*]. Dont acte. L'éthique a disparu du Comité d'éthique. Restent la demande sociétale et les « avancées » scientifiques.

Il serait opportun de relire Georges Canguilhem pour rappeler que les normes scientifiques ne peuvent jamais se substituer aux normes morales et juridiques. La science, *en tant que telle*, expliquait également Max Weber, porte sur ce qui *est*, et ne peut rien dire de ce qui *doit* être. Il en va de même pour la recherche technologique : elle porte sur ce qu'il est *possible* de faire, jamais sur *ce qu'il vaut mieux faire*, qui relève du domaine des fins que les hommes se proposent, et donc d'une réflexion éthique et politique.

L'éthique n'est pas autre chose que la morale. L'une désignait pour les Grecs la recherche d'une sagesse pratique, soucieuse du bien et du juste ; l'autre était pour les Latins l'étude des mœurs, c'est-à-dire des *bonnes façons d'agir* les uns avec les autres.

L'éthique est avant tout nécessaire au législateur, comme le soulignait Aristote, car les individus ont tendance à suivre leurs intérêts particuliers, alors que les lois leur imposent le respect de la justice. Dans le même esprit, Paul Ricœur définissait la *visée éthique* par l'union de trois exigences : *le souci de soi, le souci d'autrui et le souci des institutions justes*. Si l'éthique s'effondre, le droit est perdu et il peut toujours – on l'a vu dans le passé – « justifier l'injustifiable ». Nos contemporains ont beau répéter à l'envi toute l'horreur que leur inspirent les totalitarismes, ils n'en tirent aucune leçon. On tourne « la morale » en dérision et l'on se moque des « vieux tabous ». Tout est justifié au nom des intérêts individuels et des « demandes sociétales » que le droit est sommé de ne pas entraver. Cet individualisme s'accorde à merveille avec l'ultralibéralisme qui veut que les lois ne se « mêlent pas » des accords passés entre particuliers et laissent la loi de l'offre et de la demande régler les relations sociales.

10.

Pour la Cour suprême de Californie, un État où les contrats de « mères porteuses » sont valides, l'enfant est considéré comme *appartenant* (*belonging to*) à ceux qui l'ont « conçu ». (Décision de 1993, *Johnson v. Calvert*). Fruit de leur projet, de leur « concept » et de leur « intention », il leur « appartient » en quelque sorte comme un *bien*. On l'a vu, ce statut est radicalement incompatible avec celui de la personne humaine et avec nos lois.

Cependant, certains Français se rendent à l'étranger, là où l'achat d'une femme et d'un enfant est toléré ou légal. Les enfants nés d'une GPA aux États-Unis – comme les filles de M. et Mme Mennesson — ont un état civil établi selon la législation en vigueur dans ce pays. Ils ont des passeports américains (ou d'un autre pays). Ils peuvent obtenir un certificat de nationalité française, si l'un des parents est français, et ne sont fort heureusement ni « privés d'identité » ni « fantômes de la République ». Néanmoins, les époux Mennesson ont mené une longue bataille judiciaire pour obtenir la transcription de l'acte de naissance de leurs filles à l'état civil français, comme si rien ne s'était passé.

Cette mesure conduirait évidemment à encourager le « tourisme procréatif ». À court terme, elle obligerait la France à admettre la GPA : car comment la loi pourra-t-elle traiter différemment les couples qui utiliseraient une mère porteuse en France et ceux qui le font à l'étranger ? En réalité, la transcription est le Cheval de Troie des partisans de la GPA en France. Il faut savoir que M. et Mme Mennesson sont coprésidents de CLARA, une association militante, sponsorisée par l'agence californienne de « mères porteuses », *Extraordinary Conceptions*. Sur son site, la fondatrice de cette agence déclarait en 2014, avoir « participé aux conférences de CLARA en tant que sponsor et en tant que supporter ».

Le « couple emblématique » s'est ensuite tourné vers la Cour européenne des droits de l'homme (CEDH), qui leur a donné raison en 2014, au nom de « l'intérêt des enfants » – tout en reconnaissant que ceux-ci pouvaient mener une vie familiale normale.

Cette stratégie s'est ainsi révélée redoutablement efficace, parce que personne ne veut que des enfants aient à souffrir d'une situation qu'ils n'ont pas choisie. Mais, comme on l'a dit, ce n'est pas le cas. Le préjudice réel infligé à ces enfants n'est pas juridique : il est d'être nés dans des conditions cruelles par la seule volonté de leurs futurs parents.

La France a longtemps soutenu le bien-fondé de ses lois grâce à la lucidité de la Cour de cassation. La GPA, disait la Cour, constitue un détournement de l'adoption et s'apparente à une vente d'enfant. La filiation de l'enfant est évidemment faussée et « corrompue », du seul fait que le couple commanditaire a eu recours à une mère porteuse. La transcription de l'acte établi dans ces conditions était donc impossible.

Hélas, cette position conséquente et courageuse n'a pas tenu. Sous la pression de la CEDH, à laquelle la France n'a pas osé résister après l'Arrêt Mennesson en 2014, les juges de la Cour de cassation ont fini par s'incliner devant le fait accompli et ont cédé sur presque tout. Sans oser aller jusqu'à reconnaître purement et simplement la filiation de l'enfant à l'égard du couple commanditaire, ils ont traité à part le cas d'un homme qui avait « donné son sperme » dans le cadre d'une GPA. En juillet 2015, ils ont admis que la convention de maternité de substitution « ne faisait pas obstacle à la transcription de l'état civil étranger », si celui-ci était conforme à la réalité des faits, en l'espèce si l'acte désignait comme père celui qui avait « donné son sperme », et comme mère… la mère porteuse.

Ce revirement de jurisprudence, qui plie le droit au fait, ferme en réalité les yeux sur une importante partie des faits. Car, en l'occurrence, le recours à une *surrogate mother* était assumé et connu, et personne ne pouvait douter que la mère porteuse avait été rémunérée. Et personne ne pouvait douter que conformément à son contrat, celle-ci renoncerait ensuite à ses droits et laisserait l'enfant sans filiation maternelle. La Cour reniait ainsi tous ses arguments antérieurs : indisponibilité du corps humain, fraude à la loi et détournement de l'adoption. Cela fait beaucoup.

Il restait à autoriser le conjoint du père « biologique » à adopter l'enfant. Ce qui fut fait par la Cour d'appel de Paris pour un couple gay. Leur avocate, Me Mecary, a déclaré sans sourciller : « La mère porteuse ne figure pas sur l'acte de naissance, *donc en droit elle n'existe pas.* »

Dans son dernier avis, du 10 avril 2019, la CEDH demande instamment à la France d'accélérer la procédure d'adoption de l'enfant par le conjoint, conformément à « l'intérêt de l'enfant ». Est-ce l'intérêt de l'enfant que sa mère n'existe pas, ou celui des clients ?

Du *Baby Business* et du droit des enfants en général, la Cour européenne ne veut rien savoir, et s'en tient benoîtement aux déclarations des « parents d'intention » qui déclarent que la mère porteuse a été « défrayée » et non pas « rémunérée ».

En conséquence : *l'usage d'une mère porteuse à l'étranger constitue maintenant un moyen légitime et légal de devenir père.*

Peu importe la violence et l'illégalité des moyens employés. Peu importe qu'un homme ait loué la vie d'une femme et négocié avec elle l'abandon de tous ses droits maternels : il suffit qu'il ait « apporté son sperme ». Il peut délibérément transgresser la loi et se voir ensuite totalement disculpé par les juges (dans l'intérêt de l'enfant, bien sûr). Faudra-t-il demain, au nom de la « réalité biologique », établir la paternité d'un homme en cas d'inceste, ou attribuer des « droits paternels » à un homme qui a violé une jeune fille de treize ans, comme cela s'est vu récemment aux États-Unis ?

Dans ces affaires, le problème est que, en se prononçant sur les intérêts particuliers d'un enfant déjà né dans des conditions préjudiciables, les juges vont à l'encontre des lois qui protègent l'intérêt de tout enfant en général. Ils se substituent ainsi au législateur. C'est donc aujourd'hui au pouvoir législatif d'assumer sa responsabilité. À cet égard, il y a de quoi s'inquiéter.

11.

Dans la perspective des prochains travaux parlementaires, la *Mission d'information sur la révision de la loi relative à la bioéthique* a déposé un Rapport à l'Assemblée nationale en janvier 2019. Sa lecture est instructive.

D'entrée de jeu, la cause est entendue : il s'agit de « dépasser les limites de la procréation » [*sic*] et de mettre les biotechnologies au service des demandes sociétales. Au nom du « droit de fonder une famille » et de « l'autonomie des choix reproductifs » [*sic*], l'assistance à la procréation devra sortir du cadre médical et offrir à tous les moyens de procréer. À propos de la PMA, le Rapporteur Jean-Louis Touraine (député LRM), demande à l'Assemblée de donner toute sa portée à la *volonté* des individus. C'est la doctrine californienne : l'*intention* de faire naître l'enfant devient décisive et fonde la filiation.

Sans surprise, le Rapport recommande de légiférer pour assurer « la reconnaissance de plein droit du statut juridique du *parent d'intention* tel qu'il est légalement établi à l'étranger ». Les deux futurs parents ayant eu recours à une mère porteuse à l'étranger devraient ainsi être automatiquement reconnus par la législation française comme les parents légaux de l'enfant qu'ils ont ensemble commandité ailleurs.

Chose étrange, le Rapport reconnaît pourtant que la GPA représente « une sérieuse entorse au principe d'indisponibilité du corps humain », qu'elle implique « l'exploitation des femmes à un niveau international », « la mise en liberté surveillée d'une femme et la remise d'un enfant », réduisant cet enfant « à l'état de chose » ! On se réjouit de cette lucidité. Mais alors, pourquoi *entériner* cette pratique et inciter les Français à y recourir en « sécurisant » les contrats étrangers ?

Je n'ai pas la naïveté de croire à l'incohérence du Rapport. Ses contradictions révèlent plutôt une stratégie délibérée : d'un côté, il entend satisfaire le « droit à la GPA » revendiqué par un militantisme gay très actif au sein des partis politiques (mouvements LGBTQ et Association des parents et futurs parents gays et lesbiens) et donc laisser faire la chose à l'étranger ; de l'autre, il veut rester politiquement prudent et ne pas effrayer une opinion de plus en plus convaincue que la GPA n'est pas humainement tolérable.

La question, pour le législateur, serait pourtant de savoir s'il est conforme à l'intérêt d'un enfant, en général, de naître d'une femme qui s'est engagée à le remettre à d'autres à sa naissance (au risque d'être refusé par ses « parents d'intention » s'il n'est pas conforme à leurs attentes, comme cela s'est vu plus d'une fois). Elle serait aussi de savoir s'il est conforme au statut de l'enfant d'être l'objet d'une transaction marchande.

Face à l'alliance de la technocratie et du marché, il ne suffit pas de protéger l'intérêt des enfants déjà nés. Il faut aussi tenter de *prévenir* les atteintes aux « intérêts » et aux droits de *l'enfant en général*, atteintes qui pourraient résulter des conditions artificielles de sa naissance.

C'est dans cet esprit que le droit international a condamné la pratique du clonage reproductif (Convention d'Oviedo, 1997).

12.

Le Rapport déposé à l'Assemblée nationale préconise également de satisfaire la demande, dite sociétale, d'une « ouverture » de la PMA aux femmes célibataires et aux couples de femmes. Le problème est plus délicat qu'il ne paraît. Mon propos est ici d'inciter les femmes à mesurer la part de risques que comporte cette méthode, pour les enfants, et donc pour elles-mêmes. Quant aux parlementaires, souhaitons qu'ils osent se prononcer en toute liberté.

Le Rapport reconnaît qu'à l'heure actuelle, l'un des premiers critères du recours possible à la procréation *médicalement* assistée et au don de gamètes est l'infertilité d'un couple (due à une anomalie des gamètes, ou bien s'il existe un risque important de transmission d'une maladie génétique invalidante).

Si la notion d'*infertilité* à un sens, elle s'applique forcément à des couples *potentiellement* fertiles, et donc composés d'un homme et d'une femme en âge de procréer. L'Organisation mondiale de la santé définit au reste l'infertilité par « l'absence de grossesse après plus de douze mois de rapports sexuels réguliers sans contraception ». Parler de l'*infertilité* d'une personne seule, d'une femme ayant passé l'âge de la ménopause ou d'un couple de même sexe est un pur non-sens.

Qu'à cela ne tienne, le Rapport insiste sur le fait qu'une « partie de la population se voit refuser l'accès à la PMA comme *conséquence* de son *orientation sexuelle* ». La PMA semblerait ainsi réservée aux « couples hétérosexuels ». Adoptant cette interprétation biaisée, il présente l'ouverture de la PMA aux femmes seules ou aux couples lesbiens comme une « extension » de la PMA à « *toutes les femmes* », au nom de « l'égalité » (entre les orientations sexuelles des couples).

On devrait au moins observer, au nom de la simple raison, que la procréation (assistée ou non) n'a que faire des *orientations sexuelles*, et qu'elle a en revanche tout à voir avec l'asymétrie des deux sexes, qui ne sont, en la matière, *ni équivalents ni égaux*. Dans ce domaine, un couple de même sexe n'est pas équivalent à un couple sexuellement mixte, et le principe de l'égalité devant la loi n'empêche pas le législateur de *régler différemment des situations différentes*, comme l'a rappelé le Conseil constitutionnel. Les lois peuvent donc légitimement tenir compte de la différence des sexes dès lors qu'elles concernent les conditions de la procréation, l'établissement de la filiation et les droits de l'enfant. Le Rapport balaie ces considérations en expliquant que, si les couples homosexuels mariés et les célibataires peuvent adopter, alors ils doivent aussi pouvoir procréer. Analogie malvenue, car l'adoption est faite pour donner des parents à un orphelin ou à un enfant abandonné, alors qu'avec la procréation, il s'agit de les faire naître.

Ces considérations n'ont aucune prise sur la logique du Rapport, puisque le droit est prié d'effectuer un « changement de paradigme » en matière de filiation et, on l'a vu, de « dépasser les limites de la procréation ». Si la filiation, comme institution, doit « donner *toute sa portée à la volonté* », l'asymétrie sexuelle des parents devient négligeable. En effet, la volonté est indépendante de l'existence charnelle et sexuée des individus. La notion neutre de « parent » peut remplacer celle de père ou de mère.

Toutefois, dans l'hypothèse où l'on écarterait toute référence aux causes médicales de l'infertilité, les femmes à l'âge normal de la ménopause devraient logiquement devenir bénéficiaires de la « PMA pour toutes ». Pour les mêmes raisons, des couples sexuellement mixtes pourraient la réclamer pour des motifs personnels (ou pour sélectionner leurs embryons). Ainsi s'installerait un *droit à l'enfant*, enfant conçu par insémination ou FIV, au moyen de gamètes qu'il faudrait se procurer en grand nombre. Les dons n'y suffiraient pas, le budget de l'Assurance maladie non plus, et l'on ne manquerait pas de s'interroger sur l'urgence *d'indemniser* les donneurs. L'ouverture d'un marché des gamètes ne serait pas loin.

La référence au « droit de fonder une famille » est également étrange : pouvoir se marier ou procréer, avec ou sans mariage, est évidemment une *liberté* qui relève de la vie privée. Mais ce n'est pas un *droit à quelque chose*, que l'État devrait nous garantir en nous fournissant certains moyens (comme pour le droit à l'éducation, à la retraite ou aux soins médicaux). Un enfant est une personne, c'est-à-dire un *sujet* de droits, titulaire de droits, à la différence des choses, qui peuvent être objets de droits. C'est pourquoi il ne peut y avoir de droit à un enfant.

La question la plus grave est ainsi celle du statut de l'enfant.

13.

Parmi les droits de l'enfant figure, « dans la mesure du possible », celui de « connaître ses parents et d'être élevé par eux ». (Convention internationale des droits de l'enfant, 1989).

Or aucun enfant n'a une origine unique. On dit toujours : *les origines, les parents*. Ce pluriel ne doit rien à une « binarité » mathématique ou logique : il est bio-logique et résulte de *l'asymétrie* entre le rôle du géniteur et celui de la génitrice dans la génération. La même asymétrie existe dans les filiations instituées, qui distinguent le père et la mère, ainsi que les lignées paternelle et maternelle. « Les liens biologiques, écrivait Claude Lévi-Strauss, sont le modèle sur lequel sont conçues les relations de parenté. »

En ce sens, créer un mode de procréation artificiel monoparental, grâce à un don anonyme de gamètes, c'est inscrire l'enfant dans une structure familiale délibérément tronquée.

Quelle est la situation aujourd'hui ?

Grâce à la méthode qui consiste à injecter des spermatozoïdes directement dans un ovule pour effectuer une fécondation *in vitro*, la quasi-totalité des PMA s'effectue *sans tiers-donneurs* (95 % des cas). Les parents ayant recours à cette méthode sont aussi les géniteurs de l'enfant, dont la filiation est classique. Il en va de même pour les enfants nés d'un couple mixte grâce à un don de sperme (4 %) ou d'ovocytes (1 %). La mère est la femme qui a porté l'enfant et le père, l'homme qui s'est engagé avec elle dans une PMA. Cet engagement a le même effet que le mariage traditionnel, dont la fonction est d'instituer la présomption de paternité de l'époux. S'il en est ainsi, c'est que, sans une mère, un homme peut ignorer qu'il a engendré, elle est la médiatrice entre l'enfant et son géniteur.

Chez certains enfants « nés de sperme inconnu », on sait que l'effacement du donneur-géniteur peut créer un profond malaise, au point qu'ils cherchent désespérément à connaître l'homme dont ils sont issus.

Pour répondre à ce malaise, on pourrait envisager que le donneur (ou la donneuse) de gamètes laisse une lettre de motivation dans laquelle il (ou elle) exprimerait le sens de son geste et où figureraient des éléments de sa personnalité, de son histoire et de sa santé, de façon à personnaliser l'origine de l'enfant, sans mettre en cause sa filiation, ni son affection pour ses père et mère.

Mais une telle mesure suffirait-elle dans d'autres cas ?

La filiation des enfants nés par PMA à la demande d'une femme seule serait exclusivement maternelle. Ils seraient ainsi privés de tout père et de toute famille paternelle.

Certes, la situation de mère célibataire n'est pas rare, mais elle est souvent difficile à vivre, rarement volontaire, et ne va pas sans poser divers problèmes. Quoi qu'il en soit, cette situation relève habituellement de la responsabilité des auteurs de l'enfant, en particulier du père. Avec une PMA, la même situation résulterait de la responsabilité de la mère, mais aussi du système médical et des lois elles-mêmes. L'affection maternelle n'est évidemment pas en cause, mais le bébé deviendra grand et il risque fort de souffrir d'être privé de tout père et de tout géniteur connu (ou connaissable). Il voudra connaître sa deuxième origine.

Il en ira de même pour l'enfant né par PMA à la demande d'un couple de femmes.

Le 29 mai 2018, dans une tribune publiée par *Libération*, quarante-sept députés « En marche » déclaraient : « L'extension de la PMA à toutes les femmes n'enlèvera aucun droit à personne. »

C'est à voir. Cette affirmation péremptoire néglige le fait que, en l'occurrence, toute action éventuelle en recherche de paternité serait interdite à l'enfant (à la différence des autres enfants). On peut craindre que, dans ces conditions, il se sente un jour victime d'une inégalité et d'une injustice, en raison des conditions artificielles de sa naissance.

De plus, une double filiation maternelle est normalement invraisemblable. Comment la justifier en droit ? Certains proposent très sérieusement de reconnaître à l'épouse de la mère une « présomption de maternité » (ou de « co-maternité »)... Ici, je l'avoue, je renonce à argumenter.

Face à cette question, le *Rapport d'information* recommande quant à lui de fonder la « double filiation maternelle de l'enfant » sur le principe du *consentement* du couple qui l'a *voulu*.

C'est exactement, répétons-le, le principe adopté par les juges californiens dans le cas des GPA : c'est *l'intention* de faire naître un enfant qui désigne les parents. Quant aux géniteurs mis à contribution – mère ou père « de substitution » –, ils sont rayés de la carte. Autant savoir que si la GPA revenait à l'ordre du jour, ce même principe serait invoqué pour un couple d'hommes – au nom d'une prétendue « égalité des couples ».

Enfin, plus généralement, le rattachement d'un enfant à deux lignées parentales non équivalentes lui signifie sa propre inscription dans le genre humain, universellement mixte. Il lui permet d'assumer sa propre incomplétude, autrement dit sa sexuation. À l'opposé, instituer un mode de procréation et un régime de filiation fondés sur la volonté de parents sexuellement quelconques, ou désexualisés, c'est supposer que les deux sexes sont interchangeables.

Mais comment faire entendre de telles considérations au moment où la différence sexuelle est remise en question ? Au moment où, selon certains, le *genre* doit remplacer le sexe ?

14.

Il existe une solidarité entre les discours qui prétendent neutraliser l'asymétrie des sexes dans la procréation, et ceux qui contestent la distinction de sexe elle-même, au point de n'y voir qu'une construction sociale. Les uns et les autres tendent à définir l'identité personnelle par la sexualité, indépendamment du sexe. Il reste que, naturelle ou artificielle, la procréation est l'œuvre des deux sexes et qu'elle ne dépend pas des orientations sexuelles.

L'idée que la distinction de sexe repose sur un « mythe » a été lancée par Monique Wittig dans une conférence intitulée *La Pensée straight* (1978). La romancière y soutient le paradoxe fameux : « Les lesbiennes ne sont pas des femmes. » Le nom même de « femme » serait la marque d'une oppression hétérosexuelle, c'est-à-dire d'une domination qui oblige les « femmes » à désirer des hommes et leur assigne, dans la famille patriarcale, le destin de « femelles des hommes ».

Dans *Gender Trouble* (1990), Judith Butler, héritière de Wittig et principale représentante de la « pensée *queer* », conteste elle aussi les catégories de sexe (hommes et femmes), dans lesquelles elle voit l'expression d'une « binarité artificielle », construite par la « culture hétérosexuelle dominante ». Le « sexe », toujours écrit entre guillemets, serait « une *construction culturelle*, au même titre que le genre » (masculin/féminin), de sorte qu'il n'y aurait plus vraiment de distinction entre les deux. « Défaire le genre » reviendrait finalement à *défaire le sexe*, notion « prétendue naturelle », supposée « mal établie ». La distinction de sexe devrait ainsi s'effacer pour laisser place à une multiplicité d'*identités de genre*, fondées sur des *types de sexualité*.

Les impasses d'un tel discours sont trop nombreuses pour qu'on les mentionne toutes.

La plus évidente est d'ordre logique et terminologique. En effet, les notions de *culture* ou de *domination hétérosexuelle* sont à la base des analyses de Wittig et de Butler. Or, dès que l'on parle d'hétérosexualité, on suppose déjà l'existence d'une *altérité* sexuelle (hétéro). Cette altérité était également présupposée par Wittig, puisqu'elle critiquait la famille patriarcale comme aliénation de la fécondité des « femelles ». L'autre sexe est donc toujours déjà-là, *déjà-donné* avec la fécondité. Les dénégations de cette altérité réelle ne sont pas seulement irrationnelles, car elles nient notre appartenance aux vivants, elles nous privent aussi de tout moyen d'analyser les formes sociales et historiques d'aliénation des femmes *en tant que telles*. L'ancienne famille patriarcale en est une, le marché de la maternité en est une autre. Ce sont deux modalités d'une hégémonie *masculine*, et non d'une hégémonie « hétérosexuelle », qui mérite par ailleurs d'être contestée. Dans les deux cas, la distinction de sexe est incontournable.

Une autre impasse du discours *queer* réside dans la notion *d'identité de genre* (*gender*). Ce concept est né dans les années cinquante, proposé par J. Money pour désigner, chez des sujets nés avec un sexe biologiquement indécis (hermaphrodisme), une identité sexuelle purement psychologique et entièrement acquise par l'éducation. De même, à propos du syndrome transsexuel, R. Stoller appelle *gender* le sexe auquel une personne *s'identifie* elle-même, en opposition douloureuse avec le sexe physique ou « biologique » qui lui est reconnu (et qu'elle reconnaît elle-même) : par exemple lorsqu'un homme *se sent* femme, ou l'inverse. Le *genre* désigne ainsi une identité psychologique ou mentale, pouvant conduire au désir de *changer de corps* pour le conformer au « genre ».

On a semble-il perdu pied le jour où la médecine proposa au patient transsexuel de donner corps à son fantasme en « rectifiant » son sexe. Enfin, on a admis que « l'identité de genre » était *subjective* pour tout le monde, et qu'après tout, chacun devait être libre de se *sentir* homme, femme, ou ni l'un ni l'autre. Réduite à une représentation de soi et à un sentiment subjectif, *l'identité de genre* donnait congé au principe de réalité.

Chez Butler, le genre désigne également une identité individuelle subjective, qui dépendrait des *pratiques* et des *désirs* sexuels de chacun (notions empruntées à Foucault), et resterait étrangère à la « binarité sexuelle ». *L'identité de genre* serait l'effet d'un « façonnement » et d'une performance, dont les *Drag Queens* offrent un exemple.

Que deviennent alors nos corps et sont-ils sans importance ? Pas du tout, répond Butler dans *Bodies That Matter* (*Ces corps qui comptent*). Mais ils ne comptent, finalement, que comme la *matière* (*matter*) d'un façonnement et d'une performance théâtrale de soi qui « subvertit » le « genre » (la binarité masculin/féminin).

On sait qu'il est aujourd'hui très tendance d'adopter un style « *non binaire* » (NB) et les magazines nous invitent à « transgresser les codes ». Ces jeux individuels ne manquent pas de charme et provoquent en effet un « trouble dans le genre », mais ils ne changent pas les codes eux-mêmes, sans lesquels aucun jeu ne serait possible. Les codes sont des systèmes symboliques propres à une culture. Personne ne décide des signifiants qui, dans une société et à un moment donné, renvoient au masculin et au féminin (gestuelle, conduite, coiffure, maquillage, vêtements, chaussures, bijoux, etc.). Finalement, les jeux se passent *entre les deux* et n'éliminent pas une dualité de styles, analogue à la dualité des sexes.

Une autre branche du mouvement *queer*, représentée en France par Beatriz Preciado (alias Paul B. Preciado) et Marie-Hélène Bourcier (alias Sam Bourcier), quitte l'espace du théâtre pour celui du laboratoire. Preciado donne au « genre » le sens d'une « construction biotechnologique du sexe », soustraite selon elle aux déterminations naturelles, autrement dit à la corporéité charnelle. *Exit* le corps naturel, qu'elle appelle aussi bio-corps. Cette désincarnation passe par la possibilité de changer de corps en « modifiant la structure du vivant ». Ainsi, chacun serait libre de fabriquer individuellement son genre en forgeant son propre techno-corps, grâce à l'endocrinologie et à la chirurgie. Cette autoproduction permet-elle de sortir du modèle structural de la dualité de sexe ou de genre ? Rien n'est moins sûr. La possibilité de transiter d'un genre à l'autre ou de combiner les deux dans une démarche *transgenre* laisse intacte cette dualité.

Dans *Queer Zones*, Bourcier donne l'exemple de certaines lesbiennes « *butch* » (de style « camionneur »), qui se font enlever les seins et administrer des hormones pour avoir de la moustache et de la barbe. Pourquoi pas ? Mais la barbe est un caractère sexuel secondaire mâle, élu depuis des siècles comme le symbole de la virilité. Clément d'Alexandrie expliquait au deuxième siècle, dans *Le Pédagogue* : « Dieu a orné l'homme d'une barbe, comme les lions, et l'a désigné comme homme par une poitrine velue. C'est le signe de la force et de l'autorité. » La barbe redevient très à la mode – pas seulement chez les transgenres. Quant aux seins, attributs érotiques féminins, ils sont en même temps les symboles de la maternité nourricière. Se priver de seins ou se parer de barbe, caractères à la fois naturels et symboles conventionnels de la femme et de l'homme, ne permet donc pas de « subvertir » la « binarité » des sexes et des genres – mais seulement de jouer dangereusement avec son propre corps. Pourtant, on reste, ici encore, au niveau des apparences – et peut-être des leurres, car la reconstruction des corps imite la morphologie de certains organes sans leur donner de réels pouvoirs fonctionnels. Ni l'érection masculine, par exemple, ni les capacités reproductives masculines et féminines ne sont actuellement techniquement reproductibles. La confection de nouvelles « tuniques de peau », de corps composites *biotech*, peut satisfaire certains fantasmes, mais elle pourrait bien conduire à lâcher la proie pour l'ombre, c'est-à-dire à quitter un corps vivant pour ses simulacres. Quoi qu'il en soit, ni les travestissements ni les techno-corps n'éliminent la différence sexuelle propre aux êtres vivants.

15.

En son sens premier, le mot *sexualité* désigne une distinction entre les individus fondée sur le phénomène de la reproduction, et sur rien d'autre. Platon considérait justement la dualité des sexes comme une dichotomie réelle, *relative* à la génération, sans préjuger des rôles qu'une société distribue aux deux sexes.

Chez les humains comme chez les autres vivants, c'est *la fécondité de leurs relations* qui *révèle* l'existence de deux sexes. Leurs organes et leur dimorphisme corporel ne prennent sens qu'à partir de cette fécondité et de l'asymétrie de leurs rôles respectifs. Chez les mammifères, le rôle des femelles, celui de porter les petits, est éminemment caractéristique de cette asymétrie. Il en va de même chez les humains. C'est pourquoi la distinction entre les hommes et les femmes est universelle, quels que soient les rapports sociaux de sexe et les significations attribuées aux caractères sexuels, primaires ou secondaires, qui n'apparaissent nettement qu'à la puberté.

Il est malheureux d'avoir à insister sur des vérités aussi triviales. Mais comment l'éviter, lorsqu'on entend dire par Sam Bourcier, sur les ondes de France Culture, que « la différence sexuelle n'a été établie qu'au dix-huitième siècle » [*sic*], puisque les organes génitaux étaient auparavant « mal connus ». Les hommes auraient-ils eu besoin d'une connaissance exacte de leurs organes internes pour distinguer les hommes des femmes ?

Face à ces discours fantasques, mieux vaut revenir au sens commun, et assumer le fait que nous sommes des êtres vivants, comme nous le rappellent, si besoin est, l'anthropologie et la biologie.

Claude Lévi-Strauss écrivait dans son *Anthropologie structurale II* : « On a commencé par couper l'homme de la nature, et par le constituer en règne souverain ; on a cru ainsi effacer son caractère le plus irrécusable, à savoir qu'il est d'abord un être vivant. »

Mais qu'est-ce qu'un être vivant ?

Dans *La Logique du vivant*, François Jacob montre que la naissance, la reproduction et la mort sont des phénomènes solidaires. Le neurobiologiste Alain Prochiantz n'hésite pas à dire (dans *Qu'est-ce que le vivant ?*) que « les sociétés humaines sont *aussi* des sociétés animales ». Je souligne le mot *aussi*, qui fait écho à la définition de l'homme chez Aristote. Le premier philosophe de la nature et de la vie définissait l'homme comme *un vivant doué de logos*, c'est-à-dire un vivant qui parle, raisonne et vit dans des cités : un « vivant politique ».

En tant qu'il est un vivant, l'homme se rattache à l'ensemble des « animaux » – mais en tant qu'il parle, il s'en distingue profondément. Si on néglige sa parole, on en fait un animal comme les autres. Si on néglige sa vie, on en fait un pur esprit, une intelligence pure, désincarnée, neutre, indifférenciée.

16.

Mais revenons à ce drame, dont nous parlait Hugo dans *Cromwell*, créé par la « double nature de l'homme », à la fois spirituelle et charnelle. Ce drame tient aussi à l'autre dualité : celle de l'homme et de la femme. Dans notre culture, ces deux dualités ont toujours été associées l'une à l'autre. Par exemple, selon la théologie chrétienne, l'homme est le symbole de l'esprit, tandis que la femme, dérivée de l'homme et destinée à assurer sa descendance, est le symbole de la chair. Ce « casting métaphysique des sexes » (comme j'ai appelé, ailleurs, cette association) a laissé une trace profonde dans la façon dont nous avons pensé la hiérarchisation des sexes – ce que Françoise Héritier appelle leur *valence différentielle*. Dans le discours philosophique, la pensée, l'intellect, l'esprit et la conscience sont attribués à un *sujet supposé* neutre. Pourtant, la femme et le féminin y représentent toujours la vie naturelle et charnelle, opposée au sujet en tant qu'il pense et qu'il veut.

Si vous lisez *L'Être et le néant*, vous remarquerez que, pour Sartre encore, la conscience du *sujet* en général est en proie à une angoisse profonde face au risque de son *empâtement* dans la viscosité de la chair, une chair figurée par la femme. La féminité dangereuse, c'est *l'immanence* de la chair, que le sujet s'efforce de *transcender*. Littéralement, la femme *incarne* le sujet et l'inquiète. Le casting est intact.

On pourrait alors faire l'hypothèse que le désir d'être *délivré de la chair* – de la nature, de l'animalité, de la vie, et donc de la mort – pourrait bien être l'expression d'un désir masculin, un désir de se libérer de cette chair féminisée. Cela n'empêche pas certaines femmes d'intérioriser ce désir, de s'identifier à ce sujet masculin et éthéré, et de rejeter elles aussi leur nature charnelle.

Il serait souhaitable, dit par exemple Marcela Iacub, « d'arracher le corps à la nature » et de « se passer du corps pour procréer ». L'Utérus artificiel lui semble la solution idéale, d'autant qu'il mettrait fin à « l'empire du ventre » et neutraliserait, enfin, la différence sexuelle. Cette solution rêvée est pourtant éloignée, voire improbable. En attendant, comment assurer une complète « égalité » des individus face à la procréation ? En accordant à chacun la *liberté* de procréer de façon « autonome » et volontaire. À condition bien sûr que chacun puisse *disposer* des ressources biologiques nécessaires : sperme pour les femmes, ventres féminins pour les hommes.

Étrange liberté, censée s'exercer au prix de la *disponibilité* du corps des autres.

Étrange égalité, car donner son sperme (cette substance qui, on en conviendra, a vocation à sortir du corps masculin sans douleur), ce n'est tout de même pas la même chose que vivre une grossesse et endurer l'épreuve d'un accouchement « pour autrui ». L'asymétrie a la vie dure.

La disproportion entre les contributions masculine et féminine fait que la procréation assistée est infiniment plus aliénante pour les femmes que pour les hommes et entraîne de nouvelles inégalités. Même le recours aux gamètes (masculins ou féminins) est sans commune mesure dans les deux cas : l'extraction des ovocytes est une opération lourde et intrusive, à la différence du simple don de sperme. C'est pourquoi la pratique du don gratuit ne suffira pas à satisfaire la demande des ressources biologiques nécessaires à « l'autonomie reproductive ».

Qu'à cela ne tienne, le marché y pourvoira, selon le modèle californien, et assurera l'équilibre entre l'offre et la demande – au nom de la liberté individuelle.

Face à ces séduisantes perspectives, il nous faut choisir entre deux conceptions opposées de la liberté et du droit.

17.

D'un côté, pour la doctrine ultralibérale, le consentement de l'individu suffit à définir sa liberté : chacun est libre de passer des contrats de gré à gré, « sans que les lois s'en mêlent » et sans qu'elles puissent en limiter la forme ou la nature. Du moment que les contractants sont *consentants*, leur liberté est entière. L'économiste américain Gary S. Becker considère que, pour équilibrer l'offre et la demande de reins nécessaires à la transplantation, il suffirait de rémunérer les « donneurs » à concurrence de 15 200 dollars. On voit que cette liberté contractuelle est un redoutable piège pour les individus les plus vulnérables et les plus pauvres car, nécessité faisant loi, ils sont prêts à accepter des « emplois » dangereux, mal payés, voire des services dégradants. Aux États-Unis, le Président Roosevelt a dû batailler longtemps avant que la Cour suprême, en 1937, accepte que des lois puissent simplement limiter le temps de travail.

De l'autre, la conception de la liberté qui est la nôtre est inspirée par Montesquieu et par les droits de l'homme.

« Dans un pays où il y a des lois, écrit le philosophe, la liberté consiste à pouvoir faire ce que les lois permettent. » Ces lois *instituent* la liberté au nom du bien commun, de la justice et de la protection des droits fondamentaux reconnus à tout être humain. Elles s'efforcent d'empêcher que s'établissent entre les citoyens des rapports de force, et de garantir aux plus faibles le respect de leur intégrité morale et physique. Pour les libéraux humanistes de jadis, comme Pierre S. Dupont de Nemours, les droits de l'humanité imposaient des limites au marché, et ils se sont opposés à l'esclavage au nom de ces droits.

Aujourd'hui, l'Europe et la France ont à choisir entre la perspective d'un « marché total », auquel rien ne devrait échapper, et celle d'une société soucieuse d'instaurer des institutions justes.

SYLVIANE AGACINSKI

JUIN 2019

DANS LA COLLECTION « TRACTS/GALLIMARD »

Nº 1 RÉGIS DEBRAY, **L'EUROPE FANTÔME**, FÉVRIER 2019

Nº 2 ERRI DE LUCA, **EUROPE, MES MISES À FEU**, MARS 2019

Nº 3 PIERRE BERGOUNIOUX, **FAUTE D'ÉGALITÉ**, MARS 2019

Nº 4 FRANÇOIS GARDE, **LA POSITION DES PÔLES**, AVRIL 2019

Nº 5 DANIÈLE SALLENAVE, **JOJO, LE GILET JAUNE**, AVRIL 2019

Nº 6 CYNTHIA FLEURY, **LE SOIN EST UN HUMANISME**, MAI 2019

Nº 7 SYLVIANE AGACINSKI, **L'HOMME DÉSINCARNÉ**, JUIN 2019

Nº 8 FRANÇOIS SUREAU, **SANS LA LIBERTÉ**, SEPTEMBRE 2019

Nº 9 HÉLÉ BÉJI, **DOMMAGE, TUNISIE**, OCTOBRE 2019

Nº 10 ARTHUR DÉNOUVEAUX & ANTOINE GARAPON, **VICTIMES, ET APRÈS ?**, NOVEMBRE 2019

Nº 11 RENÉ FRÉGNI, **CARNETS DE PRISON**, DÉCEMBRE 2019

Nº 12 STÉPHANE VELUT, **L'HÔPITAL, UNE NOUVELLE INDUSTRIE**, JANVIER 2020

Nº 13 DIDIER DAENINCKX, **MUNICIPALES. BANLIEUE NAUFRAGÉE**, FÉVRIER 2020

Nº 14 ARUNDHATI ROY, **AU-DEVANT DES PÉRILS**, MARS 2020

Nº 15 OLIVIER REY, **L'IDOLÂTRIE DE LA VIE**, JUIN 2020

Nº 16 PATRICE FRANCESCHI, **AVEC LES KURDES**, JUILLET 2020

Nº 17 ÉTIENNE KLEIN, **LE GOÛT DU VRAI**, JUILLET 2020

Nº 18 PHILIPPE FOREST, **L'UNIVERSITÉ EN PREMIÈRE LIGNE**, SEPTEMBRE 2020

Nº 19 NAJAT VALLAUD-BELKACEM & SANDRA LAUGIER, **LA SOCIÉTÉ DES VULNÉRABLES**, SEPTEMBRE 2020

Nº 20 OLIVIER ASSAYAS, **LE TEMPS PRÉSENT DU CINÉMA**, OCTOBRE 2020

Nº 21 RENAUD GIRARD & JEAN-LOUP BONNAMY, **QUAND LA PSYCHOSE FAIT DÉRAILLER LE MONDE**, OCTOBRE 2020

Nº 22 DIDIER LESCHI, **CE GRAND DÉRANGEMENT**, NOVEMBRE 2020

Nº 23 BARBARA STIEGLER, **DE LA DÉMOCRATIE EN PANDÉMIE**, JANVIER 2021

Nº 24 FABRICE HUMBERT, **LES MOTS POUR LE DIRE**, FÉVRIER 2021

Nº 25 ALESSANDRO BARICCO, **CE QUE NOUS CHERCHONS**, MARS 2021

Nº 26 CHRISTIAN THOREL, **ESSENTIELLES LIBRAIRIES**, AVRIL 2021

Nº 27 PHILIPPE VIDELIER, **PLAIDOYER POUR LES CHIENS, BÂTARDS, FILS DE CHIENNES**, AVRIL 2021

GRAND FORMAT « TRACTS/GALLIMARD »

RÉGIS DEBRAY, **LE SIÈCLE VERT**, JANVIER 2020

JEAN-NOËL JEANNENEY, **VIRUS ENNEMI**, JUIN 2020

ALICE KAPLAN, **TURBULENCES, USA**, OCTOBRE 2020

DANIÈLE SALLENAVE, **PAROLE EN HAUT SILENCE EN BAS**, JANVIER 2021

ALAIN BORER, **« SPEAK WHITE ! »**, AVRIL 2021

HORS SÉRIE « TRACTS/GALLIMARD »

COLLECTIF, **TRACTS DE CRISE**, JUIN 2020

À l'heure du soupçon, il y a deux attitudes possibles. Celle de la désillusion et du renoncement, d'une part, nourrie par le constat que le temps de la réflexion et celui de la décision n'ont plus rien en commun ; celle d'un regain d'attention, d'autre part, dont témoignent le retour des cahiers de doléances et la réactivation d'un débat d'ampleur nationale. Notre liberté de penser, comme au vrai toutes nos libertés, ne peut s'exercer en dehors de notre volonté de comprendre.

Voilà pourquoi la collection « Tracts » fera entrer les femmes et les hommes de lettres dans le débat, en accueillant des essais en prise avec leur temps mais riches de la distance propre à leur singularité. Ces voix doivent se faire entendre en tous lieux, comme ce fut le cas des grands « tracts de la NRF » qui parurent dans les années 1930, signés par André Gide, Jules Romains, Thomas Mann ou Jean Giono – lequel rappelait en son temps : « Nous vivons les mots quand ils sont justes. »

Puissions-nous tous ensemble faire revivre cette belle exigence.

ANTOINE GALLIMARD

TRACTS

CE TRACT, COMPOSÉ EN TUNGSTEN ET CASLON,
A ÉTÉ ACHEVÉ D'IMPRIMER PAR NORMANDIE ROTO IMPRESSION S.A.S.
EN AVRIL 2021, À LONRAI EN FRANCE SUR UN PAPIER CERTIFIÉ PEFC
PROVENANT DE FORÊTS DURABLEMENT GÉRÉES.

PEFC 10-31-2541
Certifié PEFC
pefc-france.org

DÉPOT LÉGAL : AVRIL 2021

PREMIER DÉPOT LÉGAL : JUIN 2019

N°ÉDITION : 398000 / N°IMPRIMEUR : 2101961